花生活、はじめます

くらしが華やぐ花コーディネート
アーティフィシャルでインテリアをおしゃれに！

Wohnen mit Blumen

向坂留美子

はじめに *Prolog*

今、いちばんお洒落なこと、それは、暮らしを愉しむこと。

居心地の良い空間をしつらえ、移ろいゆく季節を感じながら、ゆったりとした時間を過ごす…
そこに現代のエレガンスを感じています。

お気に入りのアクセサリーでファッションを決めるように、
季節の花を飾り、空間の仕上げをする。
花はお洒落なアクセサリーであり、料理の決め手になるスパイスのようだと…。

「花の持つ力」をそんな風に感じています。

庭に咲く花を室内に美しく飾りたいと、この世界に入り四半世紀が経とうとしています。

本書で紹介するのは、「アーティフィシャルフラワー」という永遠に枯れない花ですが、
私にとっては、庭に咲く花もアーティフィシャルフラワーも同じ花、
季節の移ろいを感じさせてくれる大切な存在です。

ドイツに住み、ヨーロッパを巡り、美しい自然や街並み、文化や歴史、
そして人々の「美生活」に触れたことが、
私の花「Rumi's Style」の根底にあります。

四季折々の暮らしに溶け込み、シックでエレガントな華やぎを与えてくれる花、
そこにこだわり続けてきました。

そんな花でつくり上げる「くらしが華やぐ 花コーディネート」をお楽しみ頂けたら幸いです。

向坂留美子

もくじ *Inhaltsverzeichnis*

2 はじめに *Prolog*

6 春の章 *Frühling*

8 春の息吹を感じて *Ostern*
  イースターブランチを楽しんで

12 さくらを愛でながら *Kirschblüten*
  春爛漫 お花見のつどい

16 風薫るころ *Maiglöckchen*
  スズランの日に

18 ダマスクの香りに包まれて *Rosenträume*
  薔薇づくしのティータイム

22 夏の章 *Sommer*

24 初夏の香り *Kräuter*
  ハーブティーで午後のひとときを

28 夏の和ごころ *Japanische Gastfreundschaft*
  和洋折衷でおもてなし

32 雨だれを聴きながら *Regenzeit*
  紫陽花と過ごす読書時間

34 太陽の恵み *Sonnenblumen*
  盛夏の嬉しい贈り物

35 真夏の夜の夢 *Tropische Blumen*
  トロピカルな晩餐

36 秋の章 *Herbst*

38 秋の風を感じて *Schmuckkörbchen*
  コスモスを和モダンに

42 前夜祭に乾杯！ *Halloween*
  大人色のハロウィン

44 秋の実りとワインの夕べ *Erntedankfest*
  感謝祭・収穫祭

48 冬の章 *Winter*

50 聖夜の煌めき *Advent & Weihnachten*
  伝統的なクリスマス

52 雪降る夜を夢見て *Heiligabend*
  モダンなクリスマス

56 初春を慶ぶ *Frohes neues Jahr!*
  雅びに迎えるお正月

58 花正月につどう *Neujahrstreffen*
  凛として迎えるお正月

60 ショコラな時間 *Valentinstag*
  スイート＆フラワーバレンタイン

62 オールシーズン *Neutrale Farben*
　　季節を問わないおすすめの色

64 インテリアに合わせて *Passend zur Einrichtung*
　　壁の色やファブリック、インテリアテイストに合わせて

66 道具 *Werkzeuge*
　　本書で使用している道具について

67 テクニック *Technik*
　　基本のテクニックについて

68 デザイン *Formen*
　　基本のデザインスタイル

70 テーブルコーディネート *Tischdekoration*
　　家庭でできるテーブルコーディネート

本書について
* 掲載作品の花は、アーティフィシャルフラワーを使用しています。名前は生花に存在するものは生花名を、存在しないものはMAGIQ（東京堂p.72参照）の商品名を※印をつけて記載しています。
* 掲載作品のアーティフィシャルフラワー、資材、花器の詳細は、東京堂(p.72参照)へお問い合わせ下さい。
* 掲載の食器類には、（　）内にメーカー名を記しました。特に記されていないものは、著者および協力者の私物を使用しています。
* 材料に関するデータは、2017年9月現在のものです。
* 作品の「使用した材料」に掲載した材料以外に、ワイヤーやグルー(p.66参照)、花器など、各作品に応じて必要なものがあります。つくり方やつくり方ポイントをご参照下さい。

5

Frühling
春の章

長く暗いドイツの冬に終わりを告げるのは、
淡い紫色のクロッカスや、黄色いミモザ、そして愛らしい子ウサギたち。
イースターの華やぎと一体となった早春の記憶は、
デザインの源となって今も私の中で息づいています。

追憶 *Reminiszenz* ～ドイツ・ヨーロッパの四季～

北ドイツの町、フーズムに咲く一面のクロッカス

早春の花と色へのこだわり

久しぶりの暖かな陽射しを目一杯楽しむように、クロッカス、水仙、ヒヤシンス…と早春の花々が咲き始めるころ、イースター（復活祭）は巡って来ます。それは、春の訪れを祝うお祭りでもあり、心躍る季節なのです。

ショーウィンドウは、彩色された卵やウサギを模ったかわいいお菓子などで溢れ、街は一気に華やぎを増します。早春に出かけた北イタリアや南フランスで見た満開のレンギョウやミモザも、青空に浮き立つ「黄色い春」として瞼に焼きついています。

その全ての記憶が早春の鮮やかなイメージとなって私の中に刻まれ、イースターの時期になると蘇ってくるのです。

その鮮明な記憶から、少しでも違う季節の花がデザインに混ざると違和感を覚えるのです。ドイツで感じた春の息吹や躍動感を再現したい、また感じたい、その強い気持ちの現れなのかもしれません。

春の野ウサギたち

ドイツの家の前には、こんもりとした藪と小さな野原があり、春になると、たくさんの野ウサギが顔を出しました。少し離れた森でも、子連れの野ウサギたちがあちこちで見られ、散歩が楽しかったものです。

ウサギ好きが高じて、とうとう餌付けをすることにした私は、料理で余った野菜を袋に入れ、双眼鏡を片手に家の前の野原へ。

人参、ジャガイモ、キャベツ…と置いて隠れます。野ウサギはとても臆病なので、人間の気配を感じると絶対に出て来ないからです。

息を潜めること10分。野ウサギたちが辺りを確認しながら出て来ました。双眼鏡で観察していると、野菜に近寄って来た子ウサギたちが、最初に奪い合って食べたのは、やはり人参でした！ その愛らしい姿に思わず微笑んでしまったものです。

「今度は人参をたくさん持ってくるね」と心の中で告げて、静かにその場を離れた想い出は、春の息吹となって私の中で生き続けています。

ザルツブルクで買ったイースターエッグ

イースターカラーでデザインしたテーブルリースは、早春の庭をイメージして（p.10a参照）。

春の息吹を感じて

Ostern イースターブランチを楽しんで

イースター（復活祭）は、春分後の最初の満月の次の日曜日です。
欧米ではクリスマスと並んで家族がつどう大切な祝日で、
春の訪れを祝うお祭りでもあります。
ゆったりとブランチを楽しむ大人たちや、
庭に隠されたイースターエッグを探してはしゃぐ
子どもたちの声が聞こえてきます。

> コーディネートのポイント
>
> **卵やウサギ、早春カラーで**
> **軽やかに楽しいテーブルを！**
> イースターのシンボルは卵とウサギ。卵は誕生、多産なウサギは、豊かさの象徴です。イースターカラーは、黄色を中心に白、紫、緑。それぞれに、喜びや清らかさ、尊厳、希望などの意味があります。またこの色合いは、早春の花の色でもあるのです。

ディナープレート（M.STYLE）

1段目
イースターカラー＆早春の花だけでまとめたナチュラルなリース。イースターらしく卵も入れ込んで。

2段目
テーブルの色に合わせてプラスチックの卵をレースなどのリボンで装飾（p.11下参照）。小さなウサギたちに思わず笑いがこぼれます。

3段目
柔らかなグリーンは芽吹いたばかりの早春の緑。ガラス皿には春の庭が彫り込まれています。

4段目
テーブルの色と同じレモンイエローと、淡いグリーンの衣装をまとったウサギが楽しそうに音楽を奏でています。

(a)

(b)

色合わせ

相性のいい補色の組み合わせ（黄色＆紫）

1つの作品でいろいろな飾り方を楽しむ

a、bは、同じ作品ですが、全く違った飾り方をしています。aは、p.8、9のテーブル花で、ケーキスタンドの上にリースを置き、中央にガラスのキャンドルスタンドを立てています。エッグキャンドルをフェザーとシサル麻で包んでネスト風（鳥の巣風）に。bは、中央に鳥カゴを置き、中にウズラの卵を入れてリアルさを出しています。

使用した材料（a、b、c）

アーティフィシャル
a、b、c に共通して使用

- ミモザ
- パンジー
- ビオラ
- スイセン
- ツクシ
- ムスカリ
- ゼンマイ
- カモミール
- 球根
- 小花

a、b に使用
- ラナンキュラス

c に使用
- アネモネ
- 枯れツル

その他の材料
a、b、c に共通して使用
- フェザー
- シサル麻
- コケ

a、b に使用
- リング型
  アレンジフォーム

c に使用
- 円柱型
  アレンジフォーム
- プラスチックの卵

つくり方（a、b）

リング型のフォームを地面に見立て、植物が野に咲くように高低差をつけて挿していきます。太い花材は必ずワイヤリング（p.67参照）をします。ところどころコケで埋めたり、側面に余った葉を貼って仕上げたりしてもOK。

(c)

つくり方（cのベース）

ワイヤー入りの長いツルの中央を受け皿のように丸め、ワイヤーでフォームを取りつけます。余った左右のツルをハンドルに。

置いて飾ることも、
ドアに掛けることも可能なデザイン！

cの写真では、鉢のような花器にアレンジを置いていますが、本来はドア飾りとしてデザインしています。早春の花の寄せ植えのようにアレンジ（p.69ガーデンスタイル参照）しているので、このような飾り方もできるのです。卵とフェザーを入れるとイースターらしくなります。

(d)

(e)

紫のグラデーションで、大人のイースターを演出

イースターカラーの中から紫のみを選んで大人っぽくデザインしました。流れるような線を意識してエレガントな雰囲気に。使っている花材は早春の花材でa, b, cとほぼ同じですが、色とデザインでかなりイメージは変わります。芽吹いたばかりのヤナギや枯れツルは、早春のイメージを出すのに一躍買ってくれます。

使用した材料（d,e）

アーティフィシャル
d,eに共通して使用

| パンジー |
| ビオラ |
| ムスカリ |
| スイートピー |
| ゼンマイ |
| ヤナギの枝 |
| 球根 |
| 小花 |
| 枯れツル |

eに使用

| クロッカス |
| アネモネ |

その他の材料
d,eに共通して使用

| フェザー |
| シサル麻 |

dに使用

| 円柱型アレンジフォーム |
| 菱形モスワイヤーベース |

dに使用

| ハナニラ |
| デージー |

eに使用

| アートフォーム® |
| プラスチックの卵 |

つくり方ポイント（e）

器の中央に卵とフェザーを入れ、周囲に花を配置。前に短い花を挿し、後ろに向かって徐々に長い花を寄せ植えしたように入れていきます。淡いピンクをほんの少し入れると全体が優しい雰囲気に。

つくり方（d）

菱形モスワイヤーベースを弓形に曲げ、中央下にフォームを取りつけ、その上からホリゾンタルにアレンジします（p.68参照）。左右に長く垂らす花材は、このベースに這わせるように入れると、きれいなアーチ形になります。

簡単で素敵なアレンジスタイル

100円ショップでも売っているようなガラスの器に、球根と2、3種類の早春の花を入れただけの簡単イースターアレンジです。プラスチックの卵にリボンと小花で装飾したイースターエッグも雰囲気が出ておすすめ。

使用した材料

アーティフィシャル

| スイセン |
| ムスカリ |
| パンジー |
| 球根 |
| 小花（卵用） |

その他の材料

| フェザー |
| シサル麻 |
| プラスチックの卵 |
| リボン |
| レース |

つくり方ポイント

ガラスの器に球根を入れ、隙間にスイセンなどの花材を入れます。あれば、フェザーやシサル麻、野草を少し入れると雰囲気が出ます。イースターエッグは、プラスチックの卵に細いリボンとレースを両面テープや耐水性花用接着剤で貼りつけ、小花でアクセントをつけます。

さくらを愛でながら

Kirschblüten　　春爛漫 お花見のつどい

日本人にとって、桜を愛でる気持ちは特別です。
古来から続く習慣が、日本人の遺伝子となり、受け継がれているのかもしれません。
元来、お花見は、桜に宿った神様に豊作を祈る習わしでしたが、
平安貴族の間で花を見ながら歌を詠む優雅な行事になり、
その後、武士や町人の娯楽へと広がっていきました。

可憐な山桜と華やかなソメイヨシノをミックスして、足下は菜の花など、日本の春を代表する花で埋めて（p.14参照）。

伝統的な絵柄である、桜の下で遊ぶ鯉が絵付けされた「遊鯉」のプレートは、金のリムもあり、華やかな桜のつどいにぴったりです。

金糸模様が美しい光沢感のあるランナーには、金箔のお重やガラスの器が良く合います。桜の花びらを散らして雰囲気づくりを。

優美なしだれ桜には、ピンクの水引とゴールドのしだれ柳を合わせて雅びな雰囲気に（p.15上参照）。桜色の大小のビーズを散りばめました。

遊鯉のプレート（香蘭社）、金箔の三段重（箔一）

コーディネートのポイント

桜が引き立つ柔らかい配色に
ゴールドのアクセントで華やかさを

桜色が美しく映えるペールトーンに、ゴールドで華やかなアクセントをつけた和洋折衷のテーブルです。テーブルの桜と有田焼のプレート「遊鯉」に絵付けされた桜をリンクさせて。6人掛けの長いテーブルなので満開の桜アレンジを2つ置いて春爛漫に。

桜の枝を放射線状に高く広げて テーブルでお花見気分

日本の春の伝統色である、桜色、菜の花色、若葉色を取り込んだデザインです。桜の枝を放射線上に高く広げることで、テーブルに着席しているだけで、お花見気分が味わえます。足下は、菜の花の他、黄色や白の小花を入れ、グリーンや苔で仕上げます。

色合わせ

桜色、菜の花色、若葉色は日本の春の配色

つくり方

1. 器にフォームを入れ、軽やかな山桜の枝を高めに、華やかなソメイヨシノの枝を中間から低い位置になるよう放射線上に入れていきます。これにより枝を大きく広げても安定します。
2. フォームは、小花やグリーンとともに苔を使って隠します。

使用した材料

アーティフィシャル

- ソメイヨシノ
- ヤマザクラ
- ナノハナ
- マム
- ダイアンサス
- レースフラワー
- シダ
- グリーントリュフ
- 他

その他の材料

- コケ
- アートフォーム®

しだれ桜に
ゴールドの柳と水引を合わせて
雅びな美しさを

玄関の迎え花は、雅びなしだれ桜の美しさを最大限に引きだしたデザインに。しだれ桜に金のしだれ柳とピンクの水引を合わせ、滝のように桜が流れ落ちるイメージで、高い器の縁から溢れだすように入れています。「桜しぶき」や「桜のしずく」は桜色の大小のビーズを散りばめて表現しました。紫色の壁によく映え、妖艶な美しさを感じさせます。

つくり方ポイント
背の高い器に油粘土を重石として入れ、しだれ桜や柳の枝を広げながら入れていきます。桜や柳の先端と上部に大小のビーズを細いワイヤーで取りつけます。

使用した材料
アーティフィシャル
- シダレザクラ
- シダレヤナギ

その他の材料
- 水引
- ビーズ
- 油粘土
- カールワイヤー（金）

簡単で素敵なアレンジスタイル

和の三段スタンドに小さな桜のコサージュを取りつけ、桜の花を入れ込んだワイヤーオーナメントをリズミカルに飾れば、簡単でお洒落な桜のおもてなしに！桜色のキャンドルや桜色のマットがあると雰囲気が出ます。このマットは、リバーシブル（裏はゴールド）なので様々なシーンに使えます。

使用した材料
アーティフィシャル
- ヤエザクラ

その他の材料
- タッセル
- ワイヤーオーナメント
- 三段スタンド
- キャンドル
- マット

つくり方ポイント
八重桜は花だけカットしておきます。黒いワイヤーオーナメントの中に花が表を向くようバランス良くつめます。三段スタンド用コサージュは、数輪にワイヤリングとテーピング（p.67参照）をしてタッセルとまとめてスタンドに取りつけます。

スズランは白だけでまとめて
清楚なイメージで

数種類のスズランに白い小花や斑入りのグリーンなどを合わせ、白を引き立たせています。ベアグラスにはラインストーンをつけて、キラキラ感と涼やかさを。オーガンジーリボンとデザイングラスコードでふんわり結んで（p.67参照）フェミニンな雰囲気でまとめました。実は2つのブーケからできていて、p.17のような飾り方もできるブーケです。

風薫るころ

Maiglöckchen スズランの日に

鈴なりの姿に清らかな香りが魅力のスズランは、
春の花、幸福のシンボルです。
フランスでは、5月1日に大切な人にスズランを贈る習慣があり、
贈られた人には幸福が訪れると言われています。
スズランの日に贈りたい、プレゼントされたいブーケの提案です。

色合わせ
ホワイト＆グリーンの濃淡でつくる爽やかカラー

1つにまとめても2つに分けても、飾ることができるブーケ

いろいろな飾り方ができるデザインは重宝します。1つにまとめて、テーブル花にしたり、2つに分けて、お気に入りの小物を挟んでシンメトリーに飾ったり、工夫次第でインテリアにバリエーションが生まれます。白とグリーンなので、どんな色の食器や小物にも合わせることができます。

つくり方ポイント
ベアグラスを一番後ろに配して、その前にスズランなどの花材をまとめた小さめのブーケを2つつくります。1つにまとめる時は、ベアグラスが中心に来るように2つのブーケを合わせると四方見のブーケになります。

使用した材料
アーティフィシャル
- スズラン
- ベロニカ
- ※ディルフラワー
- ハツユキソウ
- ベアグラス
- アスパラガス
- シルバーリーフ
- ※デザイングラスコード
- 白い小花

その他の材料
- オーガンジーリボン
- ラインストーン

ラインストーンは、2つ一組にして、ベアグラスを挟むように耐水性花用接着剤で貼りつけます。

ダマスクの香りに包まれて

Rosenträume　薔薇づくしのティータイム

クレオパトラや、ナポレオンの后ジョゼフィーヌと歴史上の女性たちを
魅了してきた薔薇。その存在感と華やかさは女性の憧れです。
中でも、カップ咲きやロゼット咲きのオールドローズが醸し出すエレガントな雰囲気は、
優雅なティータイムにぴったりです。

ローズシャンパンジュレに薔薇の形をした焼き菓子、そして薔薇色のマカロン…ティーフーズも薔薇にこだわって。

ドイツに住んでいるころから集めていた薔薇モチーフのアンティークシルバー。ミニ薔薇のガーランドとともに。

生花のようにみずみずしいロゼット咲きの淡いピンクの薔薇。テーブルに一輪あるだけで雰囲気が出ます。

ティータイムの主役は、何と言ってもローズレッドのオールドローズです。小花と野草でナチュラル感を出して（p.20a参照）。

コーディネートのポイント

ダマスクの香りがしそうな
ローズレッドのオールドローズを主役に

薔薇モチーフのティーカップにアンティークシルバー、ダマスクの香りたっぷりのティーフーズも忘れずに。そんな薔薇づくしのテーブルには、庭から摘んできたようなオールドローズに小花と野草をあしらったナチュラルなデザインが似合います。

(a)

ブーケスタイルでつくれば
花瓶を変えてバリエーションを楽しめる

p.18、19の作品をフレンチカントリー風の花瓶に入れ、ジュイ柄のクロスに合わせました。フォームに挿さずに、ブーケとしてつくっておくと色々な飾り方ができ、収納にも気を遣いません。

つくり方ポイント（a）

細い茎の花材を除いて、全ての花材にワイヤリングとテーピング（p.67参照）を。高低差をつけ、ふんわりと四方見のブーケに。最後はフラワーテープでまとめます。

色合わせ

ローズレッドのグラデーション

使用した材料（a,b）

アーティフィシャル
a,bに共通して使用

| ツルバラ |
| スプレーバラ |
| ミニバラ |
| アストランチアマヨール |
| クリスマスローズ |
| レースフラワー |
| ユーカリ |
| ハツユキソウ |
| グリーンネックレス |
| アイビー |
| ツル |
| 小花 |

bに使用

| カラーの葉 |

その他の材料
bに使用

| 円錐型 |
| アレンジフォーム |

薔薇のバスケット飾り

庭の薔薇と野草を摘んで、無造作にバスケットに入れたようなドア飾りです。バスケットのつくり方を覚えれば、いろいろな花で応用できます。

つくり方（bのベース）

1. 2枚のカラーの葉と円錐型のアレンジフォームを用意します。
2. フォームを2枚の葉で包むように、グルーでしっかり貼りつけます。2本の茎はバスケットの柄になるようカーブをつけ、同色のフラワーテープで留めます。

1

2

(b)

ディナープレート（M.STYLE） (c)

グレイッシュピンクの薔薇を中心に、シックでエレガントなテーブルに

グレイッシュなピンクとモーブ系カラーのテーブル花に合わせてコーディネート。イメージがガラッと変わります。ダマスク柄のラッピング用レースの両サイドにリボンを貼ってつくったブリッジランナーがアクセントに。簡単なのにお洒落で、しかもリーズナブルにつくれるので試してみて下さい。

色合わせ

グレイッシュカラーで合わせて

使用した材料 (c,d)

アーティフィシャル
c,d に共通して使用

- バラ
- スプレーバラ
- ミニバラ
- カーネーション
- ビバーナム・スノーボール
- ネリネ
- トラノオ
- ハツユキソウ
- ツル
- 小花

c に使用

- ※デザイングラスコード

d に使用

- ペアグラス

その他の材料
c,d に共通して使用

- パール
- リボン

d に使用

- リング型アレンジフォーム

cは小さなブーケをお客様の人数分つくって1つの花瓶に挿したものです。1つ1つのブーケにリボン(p.67参照)をあしらっておくと、おもてなしの最後に渡すプレゼントらしくなります。

アフタヌーンティーを盛り上げる薔薇の三段デザイン

つくり方 (d)

ケーキスタンドの上に薔薇のリースを置き、中央にガラスのキャンドルスタンドを置きます。その上にミラーを重ね、最後に小さなガラスの花瓶を置きます。全てミュージアムジェルで固定。ミラーの上にミニ薔薇を散らし、ガラスの花瓶には小さなブーケを。数種類のリボンを垂らしてエレガントに。大小のケーキスタンドを重ねて高さ調整してつくってみてもいいでしょう。

(d)

Sommer

夏の章

緑色の丘陵地帯に、青く澄みわたった空、降り注ぐ太陽の光、
木々をつたう爽やかな風と木もれ日が心地良く、テラス席でのおしゃべりが弾みます。
明度が高く、彩度が低い、ブルーとグリーンがベースとなった
ドイツの夏の記憶が蘇ってきます。

追憶 *Reminiszenz* ～ドイツ・ヨーロッパの四季～

ラインガウのブドウ畑とライン川

シュヴァルツヴァルト（黒い森）の小さな町で

爽やかな夏色の記憶

ケルンからフランクフルトに南下するアウトバーン3号線は、なだらかな丘陵地帯の真ん中を滑り抜けるような道が続き、緑が広がる大地と澄みわたった青空を視界いっぱいに楽しめます。夏の大好きなルートでした。途中、ヴィースバーデン近くから、ライン川の右岸を走ります。ここからリューデスハイムまでの南斜面は、世界的に有名なワインの産地、ラインガウです。ブドウ畑の上をつたうゴンドラに乗ると、青く広がる空に緑一面のブドウ畑、その向こうに太陽の光を反射してキラキラと輝くライン川が一体となって目に飛び込んできます。

ソフトな夏の光がつくり上げた明度が高く、彩度が低いブルーとグリーンは、私の中で夏のベースカラーとなったのです。たなびく雲や水面に反射する太陽の光は、白いハイライト、そしてクリスタルの輝きに姿を変え、夏のデザインのアクセントとなっています。

咲きこぼれる窓辺の花

リューデスハイムからコブレンツまでは、古城が点在する人気スポットで、木組みの家が建ち並ぶメルヘンの世界でもあります。

ワインレストランや古城ホテルのテラスでは、昼間はパラソルの下、夜はキャンドルが灯るテーブルで、人々がグラスを傾け、食事を楽しみます。これは、夏のヨーロッパではよく見かける光景で、一般家庭でも、多くの人々がガーデンやバルコニーで食事を楽しんでいました。憧れて我が家でも真似したものです。

その傍らに常にあったのが、花です。ドイツの夏は、陽射しはあっても湿気がなく、爽やかな日本の初夏のようで、花にとっては最高の生育環境です。庭の花はもちろん、バルコニーや窓辺からこぼれ落ちるように咲くゼラニウムやペチュニアが、食事のシーンを盛りあげていました。

私の流れ落ちるような花のデザインは、このドイツの窓辺の花から生まれたものなのです。

初夏の香り

Kräuter 　ハーブティーで午後のひとときを

爽やかな初夏の風はハーブの香りがよく似合います。
ベアグラスの先につけたクリスタルが、
初夏の風と陽射しを受けて、キラキラと輝きます。
慌ただしい日々の合間に、香り豊かなハーブティーでほっとひと息。
優しいハーブのグリーンに癒されるひとときです。

コーディネートのポイント

**初夏の風とハーブからイメージする
清涼感を大切に**

初夏の風が運ぶ爽やかなハーブの香り…。その清涼感と透明感のあるシーンを、ベアグラスの先で揺れるスワロフスキークリスタルやガラスの器、テーブルにふんわりと敷いたオーガンジーとともに表現しました。無造作に置いたレモンがアクセントに。ガラスのポットで美味しいハーブティーを！

左上
ベアグラスの先につけたスワロフスキークリスタルが、風に揺れてキラキラと涼しげです(p.26参照)。

左下
ハーブのリースの中央にレモン＆ライムスライスを入れたシリンダーを。クリスタルアクセント(p.27下参照)を使って凍ったように。

右上
キッチンにはハーブがよく似合います。ライムを入れたハーブの壁飾りですが、置いて飾っても素敵。

右下
ガラスのポット＆ウォーマーは、ハーブティーがよく似合います。カモミールとスペアミントは人気の組み合わせ。

25

使用した材料

アーティフィシャル
- ベアグラス
- スペアミント
- カモミール
- ローズマリー
- ユーカリ
- ダスティーミラー
- ディル
- セージ
- ダイアンサス
- ※レモンスライス
- ※ライムスライス
- グリーンネックレス
- 他

その他の材料
- アートフォーム®
- スワロフスキークリスタル（俵形）
- オーガンジーリボン

つくり方

1. ベアグラスの先端をスワロフスキークリスタルの穴に通して、葉先をぐっと引っ張って固定します。

2. ガラスの器にフォームを入れて、中央にベアグラスを挿し、ラウンドスタイル（p.68参照）にアレンジします。

多種類のハーブを入れ込むことで生まれる美しいグリーンの濃淡が魅力

深い緑から鮮やかな緑、黄緑に斑入り、シルバー…とハーブはグリーンのバリエーションが豊かです。また葉の形も様々なので、なるべく多くのハーブを入れ込むことで、グリーンの濃淡が美しいニュアンスのあるデザインに仕上がります。黄色や白のハーブの花はアクセントやハイライトに。

1

2

色合わせ

グリーンの濃淡に黄色のアクセント

ハーブに野菜をプラスしたキッチンスワッグ
夏のテーブル花としても

ハーブと野菜でつくったキッチンスワッグですが、カジュアルな夏のテーブルにもピッタリです。ケーキスタンドの上に置くと、お洒落なテーブル花に。夏野菜のテリーヌと三層に分かれた涼しげなアペリティフで夏のおもてなしシーンの提案です。

使用した材料

アーティフィシャル
- バジル
- ローズマリー
- ラベンダー
- スペアミント
- カモミール
- フェンネル
- レモン
- ネギ
- ミニトマト
- ガーリック
- 他

その他の材料
- 円柱型アレンジフォーム

プレート（M.STYLE）

つくり方

1. フォームに、ワイヤリング（p.67参照）、もしくはUピン状にした#22地巻きワイヤーでハーブと野菜を留めつけ、レモンはボンドでつけます。
2. サランラップの芯をカットしてお気に入りのリボンを貼ってつくったナプキンリング。

1

2

簡単で素敵なアレンジスタイル

レモンやライムスライス、ミントを凍らせたようなデザインで、暑い夏には特におすすめです。水を足しながら長い間楽しめます。フレッシュのレモンやライムではできないことが、アーティフィシャルでは可能！ハーブのリースの中央に置いて（p.25左下参照）テーブル花としても素敵です。

クリスタルアクセント

使用した材料

アーティフィシャル
- ※レモンスライス
- ※ライムスライス
- スペアミント

その他の材料
- クリスタルアクセント
- 水

つくり方ポイント

クリスタルアクセントをシリンダーの中に適量入れて、水を半分くらい注ぎます。ジェル状になって最終的には何十倍にも膨らみます。途中でレモンとライムのスライスなどを入れて、割り箸を使ってジェルの中に押し込みます。さらに水を足して、残りの材料を入れて同じことを繰り返します。

夏の和ごころ
Japanische Gastfreundschaft　和洋折衷でおもてなし

コーディネートのポイント

**黒で和のイメージをつくり
夏らしいブルーとクリスタルを合わせて**

ガラスの洋皿に漆器、カトラリーと箸を一緒にコーディネートした和洋折衷のテーブルです。漆器に描かれているのは加賀蒔絵の薬玉。薬玉はもともと薬草や香料を錦の袋に詰め、魔除けの5色の飾り糸をたらしたもので、端午の節句に邪気払いのため飾られました。

端午の節句や七夕、お盆、夏祭りと、初夏から夏にかけて様々な日本の行事が巡ってきます。
現代の暮らしに合わせて、決まり事にとらわれず、
和洋折衷のコーディネートも楽しいものです。
今風の和のおもてなしスタイルの提案です。

1段目
白地にブルーの絵柄の洋食器は、日本の染付けのイメージと重なり、和洋折衷のテーブルには、こちらもおすすめです。

2段目
カットの美しいボヘミアングラスも、和のコーディネートに合います。日本の切り子グラスとイメージが重なるからでしょう。

3段目
涼を感じる和花を使ったテーブル花です。トクサで遊びながら、高さを出し、テーブルに軽やかな凹凸感をつくりました(p.30参照)。

色合わせ

紺&紫のグラデーション

トクサで造形的なフレームをつくり
夏の和花を絡ませたテーブル花

紺や青紫は藍染めや染付けの色、黒は漆器の色に重なり、夏の和のイメージづくりには最適です。クリスタルと水色のクロスで涼感を取り入れました。トクサでつくったフレームには、行事に合わせて菖蒲や朝顔、ハスの花などをメインにしてアレンジするのも素敵です。決まり事にあまり縛られず、和洋折衷を楽しんでみて下さい。

使用した材料

アーティフィシャル	その他の材料
トクサ	アートフォーム®
クレマチス	
アサガオ	
キキョウ	
リンドウ	
※涼風小花枝	
シダ	
ナルコユリ	
ベアグラス	
アイビー	
トラノオ	

1

つくり方

1. トクサの先端にワイヤリング（p.67参照）して、不等辺三角形に折り曲げ、フォームにバランス良く挿します。

2. できあがったトクサのフレームの中に、ベアグラスを数本単位でワイヤリングして入れ、クレマチスを高めに、残りの花材は、高低差をつけ、ナチュラルに仕上げます。

2

和花をホリゾンタルにデザインした折衷スタイル

花材はp.30のデザインとほぼ同じですが、和のスタイルとしては珍しいホリゾンタルのデザインにしてみました。トクサを編んでベースに入れてツルなどの支えにしています。トクサは工夫次第でいろいろな使い方ができて和の雰囲気を出せるのでおすすめです。四方見なので、テーブル花としても使えます。

つくり方ポイント
トクサを並べてワイヤーで編んだものをベースに入れ（編み方はp.57上参照）、その上にクレマチスやツル、野草などを這わせるように入れます。

簡単で素敵なアレンジスタイル

格子を連想するような器やベースを利用すると、ほんの1、2本の和花を準備するだけで、簡単に和風のデザインをつくることができます。壁掛けタイプの格子ベースもあります。家にある小さな和食器をプラスすると、さらに和の雰囲気が出て素敵です。

使用した材料

アーティフィシャル	その他の材料
クレマチス ウイキョウ シダ グリーントリュフ	格子状 アレンジベース

つくり方ポイント
格子状のアレンジベースにワイヤーでクレマチスの花を留めつけます。この時、花がどこかに偏らないようにバランスを見ます。足下にお猪口などの小さな和皿を置き、茎を入れます。あれば、シダなど和の雰囲気を持ったグリーンを入れると素敵です。

雨だれを聴きながら

Regenzeit 　紫陽花と過ごす読書時間

鬱陶しい梅雨の雨音も、ショパンの前奏曲と重ねれば、
優しい時の流れに変わります。そんな時間は、水色雨色の紫陽花とともに、
静かに読書にふけるのもいいものです。
新しい世界、新しい自分が見えてくるかもしれません。

（a）

つくり方ポイント（a）
ブルーのグラデーションをかけるように
グルーピングして配置。伸びたツルや水
滴をイメージしたクリスタルで季節感を。

コーディネートのポイント

**涼しげな紫陽花の色に合わせて
小物類もブルーに**

紫陽花といえばブルーのイメージが強いのは、日本のような
酸性土壌ではブルー系、ヨーロッパのようにアルカリ性土壌で
はピンク系になるからです。紫陽花ブルーを引き立たせるよう
に、レースのクロスにブルー系のクッション、ブルーに色づけ
した水を。フローティングキャンドルを入れても素敵です。

使用した材料（a,b,c）

アーティフィシャル
a,b,c に共通して使用

- アジサイ
- アキレア
- ブルーや白の小花
- グリーンのツル
- レックスベゴニア
- シルバーリーフ
- グラミネ（穂状の草）

a に使用

- カンパニュラ
- アザミ

b に使用

- グリーンベル
- ルリタマアザミ
- ミスカンサス

c に使用

- カラーの葉

その他の材料
a,b,c に共通して使用

- クリスタル

a に使用

- アートフォーム®

b に使用

- オーガンジー
- リボン

c に使用

- 円錐型アレンジフォーム

紫陽花のアンブレラブーケ
お洒落な梅雨のドア飾りに

傘の形をした紫陽花のブーケ。この季節のガーデンウェディングにもぴったりですが、ドアに飾るととてもお洒落で目を引きます。いろいろなグリーンやツルを入れてナチュラル感を。

(b)

色合わせ

水色から淡いパープルへのグラデーション

紫陽花を中心に爽やかな夏の花で
ラフにまとめた花束

ブルー系の花材の中に白をハイライト的に入れ、グラミネ（穂状の草）や軽やかなツル、斑入りのグリーンなどを入れると涼やかでナチュラルに仕上がります。オーガンジーでふわっと包んで、紫陽花色のクロスと合わせました。ミラーの上にクリスタルを散らして季節感と涼感を出しています。

つくり方ポイント（b）

ルリタマアザミやグラミネなど長い花材を一番下にして、徐々に短い花材を重ね、焦点付近を紫陽花でまとめます。

(c)

つくり方（cのベース）

カラーの葉やハランなどでフォームを包み、グルーでしっかり貼りつけます。茎はくるっとカールさせてハンドルに。

使用した材料

アーティフィシャル

ヒマワリ
ダリア
フェンネル
カモミール
※ネリネカーニバル
レースフラワー
マトリカリア
ツルニチニチソウ
アイビー
シダ
他、グリーンのツル

その他の材料

リボン
アートフォーム®

太陽の恵み

Sonnenblumen 盛夏の嬉しい贈り物

夏の太陽を一身に受けて花開くヒマワリは盛夏のイメージそのものです。
夏バテしそうな時に、元気いっぱいのヒマワリが届いたら嬉しいですね。
素朴な花なので、ナチュラルな小花や野草とともにシャンペトル風(田舎風)にまとめると素敵です。

色合わせ

イエロー&グリーンのビタミンカラー

つくり方ポイント

バスケットに#22か#24の地巻きワイヤーでフォームを固定してアレンジします。大きなヒマワリを中央付近に挿し、凹凸をつけながら合間を小花やグリーンで埋めます。ツル類は流れるように長めに入れて。

真夏の夜の夢

Tropische Blumen トロピカルな晩餐

ビーチリゾートでゆったり過ごす夏のバカンス。そんな夢を自宅で叶えましょう。
ガラスの器にランとフローティングキャンドルを用意するだけです。
さあ、恋の妖精も招いて、大切な方と真夏の夜の夢のようなディナーを楽しんで！

使用した材料

アーティフィシャル
| ラン

その他の材料
| フローティングキャンドル
| クリスタル
| クリスタルサンド

つくり方ポイント

ガラスのシリンダーに数種類のランを入れ、水を注ぎ、フローティングキャンドルを浮かせます。あれば、シリンダーの底にクリスタルなどを沈ませて、ミラーの上に載せると映り込みが美しいです。

コーディネートのポイント

**南国の色とフィギュアで
ビーチリゾート風に**

南国を思わせるフューシャピンクのランとオーシャンブルーのナプキン、テーブルの上にはヤシの葉と貝殻を置き（p.71 3)参照）、ビーチリゾート風の演出をしてみました。

色合わせ

フューシャピンク＆オーシャンブルーで南国カラー

35

Herbst
秋の章

9月に入ると一気に気温が下がり、ドイツの短い秋の到来です。
夏に咲き乱れた花は、赤やオレンジ、そして黒い実となり、
琥珀色の秋のアクセントになるのです。
この美しい光景は、ちょっと可笑しな秋の想い出とともに脳裏に刻まれています。

追憶　*Reminiszenz* 〜ドイツ・ヨーロッパの四季〜

アウグストゥスブルク城の庭園の黄葉

「紅葉」と「黄葉」

ケルン近郊の町、ブリュールには世界遺産に登録された壮麗な宮殿、アウグストゥスブルク城と美しい庭園があります。秋も深まるころ、散策に出かけ、琥珀色に染まる美しいシーンを堪能しました。
でも、何かが日本と違う！
そうドイツ、ヨーロッパの秋は、「紅葉」ではなく「黄葉」だったのです。緑から、黄色、褐色へと変化する「黄葉」です。調べてみると、ブナ、プラタナス、白樺、ポプラ、カラマツ…と黄葉する木が多いからだと分かりました。
でも、意外にも身近な場所で紅葉が楽しめるのが、ヨーロッパ。
それは、ツタの絡まる家が多いからです。昼夜の寒暖差が大きいこともあり、そのツタが鮮やかに紅葉して、住宅街のあちこちを彩るのです。
その美しさが忘れられず、帰国後、バルコニーに紅葉するツタを植えて、以来自宅で「真っ赤な秋」を楽しんでいます。

「ハロウィン」と「お墓参りの日」

ドイツで迎えた初めてのハロウィン。仮装行列を期待して街に出かけてみるも、その気配なし。がっかりして調べてみるとドイツで仮装といえばカーニバル、ハロウィンはアメリカで盛んなお祭りだと知りました。
一方、その翌日と翌々日、花屋の多い最寄り駅が、いつにない賑わいを見せていました。赤いキャンドルが灯ったモミのアレンジを手に、人々が公園の中に入っていきます。何だろうと一緒に入ってみてびっくり！　ずっと公園だと思っていたその場所は、墓地だったのです。どうりで花屋が多かったわけです。ドイツの墓地は憩いの場のようで、日本の墓地との違いに驚いてしまいました。
11月1日と2日は万聖節と万霊節。お墓参りをする日です。

お供えの花はまるでクリスマスアレンジそっくりで、ちょっと早いけど家に飾ろうかと迷っていた自分が可笑しくなりました。ドイツに住み始めたころのちょっと笑えるエピソードです。

我が家のバルコニーで紅葉するツタ

秋の風を感じて

Schmuckkörbchen   コスモスを和モダンに

朝晩の風がひんやりと感じられると、コスモスの季節到来です。
しなやかなコスモスは野草との相性も抜群。
初秋の庭を切り取ったようなデザインで、和モダンな空間をコーディネートしてみました。
重陽の節句や敬老の日、お彼岸も初秋の行事。和のしつらえは、この時期おすすめです。

しなやかなコスモスだからこそ、上から下に流れ落ちるようなデザインが美しく仕上がります（p.41b参照）。

秋の掛け軸に合わせて、赤い実、黒い実、色づいた葉などを重ねてみました。和洋折衷のコーナーができました。

秋色のミニお重と菊の絵柄が入った小皿、折敷を思わせる正方形のマットで和モダンなおもてなしです。

コスモス咲く初秋のガーデンをテーブルに取りこみました。野草をたっぷり入れて和のイメージに（p.40参照）。

使用した材料（a,b）
アーティフィシャル
a,b に共通して使用
コスモス
スプレーマム
ワレモコウ
グラミネ（穂状の草）
レックスベゴニア
ユーカリ
ペアグラス
紅葉した葉、枝、ツル
赤や黒の実
b に使用
ピンクペッパー
その他の材料
a に使用
コケ
アートフォーム®
b に使用
油粘土

お重、小腕（M.STYLE）（a）

テーブル花の色使いで、移ろいゆく秋を表現

花は、明るい色からダークな色へグラデーションをかけ、初秋から晩秋へと、1つの作品の中で移ろいゆく秋を表現しています。ミニお重の色と、コスモスの色をリンクさせることでテーブルがまとまります。洋のコーディネートにも使える大きさの正方形テーブルマットはリバーシブルです（裏側は銀、p.35 で使用）。

つくり方

1. 器にフォームをボンドで固定し、ガーデンスタイル（p.69参照）にアレンジします。中央に風の通るような空間をつくって。

2. 淡い色から濃い色へとグラデーションを意識し、足下はコケも使ってフォームを隠します。

1　　2

(b)

つくり方ポイント

背の高い器の中に重石として油粘土を入れます。フォームは使わず、茎を丸めながら器に入れることで、自然に花留めに。器の口から下向きに花材を折り曲げ、滝が流れるようにデザインします。

色合わせ

モスグリーン＆彩度を落とした
ピンクからボルドーカラーへのグラデーション

コスモスが流れ落ちるような
ドイツ風のデザイン

Fallendes（垂れるもの）、Fließendes（流れるもの）というドイツのデザイン手法を応用しました。しなやかなコスモスのイメージとアーティフィシャルだからこそできるデザインです。秋らしく色づいたツルもふんだんに入れて、秋の山間を流れ落ちる滝をイメージして仕上げました。白から、ピンク、ワインレッド、そして赤紫への初秋らしいグラデーションをかけました。

簡単で素敵なアレンジスタイル

100円ショップの一輪挿しも工夫しだいでお洒落な花器に。リズミカルに数本並べると和モダンな演出にぴったり合います。花を変えていろいろな季節に楽しんでみて下さい。

使用した材料

アーティフィシャル
- コスモス
- ススキ

その他の材料
- 和柄の紙ナプキン
- 細い紐

つくり方ポイント

和柄の紙ナプキン（折り紙でも）を長方形に折り、一輪挿しの中央辺りを包みます。その上から細い紐で結ぶと着物のように見えます。コスモスや野草を数輪ずつ入れてトレイの上に並べると、和モダンなコーナーのできあがりです！トレイも100円ショップで見つけたものです。

41

プレート（M.STYL

使用した材料

アーティフィシャル
- アジサイ
- ワックスフラワー
- ヒバ
- 黒い実
- 他

その他の材料
- フェザー
- アートフォーム®
- ドライのラグラス

左上
ラメの入った紫色の花に黒光りしたカボチャ形の器。黒＆白のフェザーやラメ入りオーガンジーで神秘的な演出。

右上
黒と紫だけのテーブルでは沈みがちなので、オレンジ色が美しいカクテル、テキーラサンライズを差し色にしました。

下
プラチナのラメが入ったような黒いガラスプレートに紫、白、ゴールドを使った食器。花や小物類との色合わせにこだわりました。

色合わせ

黒と紫をメインにオレンジの差し色で大人っぽく

コーディネートのポイント

カクテルの色をアクセントにした大人のハロウィン

ハロウィンカラーは、オレンジを中心に黒や紫で、それぞれに、収穫、暗闇、神秘などの意味があります。大人のハロウィンをイメージして、テーブル花は黒と紫メインでまとめ、テーブルには食器に合わせて白やシャンパンゴールドのカボチャを置きました。オレンジ色のカクテルがアクセントカラーに。

前夜祭に乾杯！

Halloween　大人色のハロウィン

仮装を楽しむ子どものお祭りというイメージが強いハロウィンですが、
もとは古代ケルトの収穫祭と悪霊を追い払う宗教的な行事でした。
その後キリスト教と融合、11月1日の万聖節の前夜祭となり、
後に移民とともにアメリカへ渡り、民間行事として定着しました。

秋の実りとワインの夕べ

Erntedankfest　感謝祭・収穫祭

日本の新嘗祭、アメリカやカナダの感謝祭（サンクスギビングデー）、
ドイツのオクトーバーフェストなど、
秋になると世界各地で様々な収穫祭が行われます。
秋色のテーブルを囲んで、実りの秋、ワインの秋、音楽の秋を楽しみましょう。

銀杏形プレート（M.STYLE）

左
テーブル全体から深まりゆく秋が感じられるようクロスや花、キャンドル、食器をカラーコーディネートしています。花は縦にしても横にしても飾れるデザインです（p.46参照）。

1段目
アヒルを模ったワインデカンタ。ドイツで一目惚れして買ったものですが、トーキンググッズ（p.71 3）参照）にもなってくれます。

2段目
自然界にはないアーティフィシャルならではの、深い色合いとベルベットのような素材の花で秋を表現しています（p.47上参照）。

3段目
イチジクチーズの生ハム巻きや柿と紫キャベツのラペなど、秋の実りと色にもこだわったメニューです。

コーディネートのポイント

第一印象を左右するクロスの色と花の色で晩秋を印象づけて

秋の実りたっぷりのフィンガーフードにワインを傾け、立食あり、着席ありで楽しむワインの夕べです。晩秋カラーのテーブルクロスに合わせて、花もデザインしました。音楽好きがつどう晩秋のパーティー、ドイツでの想い出に重ねました。

(a)

1つの作品を縦横に飾って
バリエーションを楽しむ

大勢が集まるシーンには存在感のある花がおすすめ。しかも縦にしても、横にしても飾ることができると、あらゆる場所に対応できて便利です。
aは、トライアンギュラースタイル（p.69参照）のアレンジのように見えますが、花束にまとめたものを花瓶に挿しています。bは同じ作品を、横長の花器に載せて、余った花材をハンドル（茎をまとめた部分）周辺に挿してホリゾンタルに整えたものです。紅葉した葉やツル、ブドウやイチジクなど秋の実りを入れ込むと秋らしさが増します。

使用した材料（a,b）

アーティフィシャル

| アマリリス
| スプレーマム
| ドウダンツツジ
| アマランサス
| ベアグラス
| グラミネ（穂状の草）
| アイビー
| クリ
| ブドウ
| 赤、黒、オレンジの実
| 枯れツル
| 紅葉した葉やツル
| 他

つくり方ポイント（a,b）

三方見のトライアンギュラースタイルを応用して、必要な花材にはワイヤリングとテーピング（p.67参照）をして、一番長い枝ものの上に、徐々に短い花材を載せ、焦点にアマリリスを入れます。ツルやブドウなど器の縁から垂らしたい花材は焦点付近に入れておくといいでしょう。

(b)

色合わせ

初秋から晩秋にかけての葉色の変化で秋色を表現

ベルベット調の花材と紅葉した長いツルがポイント

ホリゾンタルライン（p.68参照）の左右にツルを多く入れ、アーチ形のカーブをつけて仕上げたドア飾りです。台に載せてピアノの上に飾ってみました。深い秋色と秋素材が美しいデザインです。

つくり方
ホリゾンタルラインを応用。花材はワイヤリング（p.67参照）して、ボンドをつけてフォームに挿します。側面や裏側はリボンや葉を貼って隠しても。

使用した材料

アーティフィシャル	その他の材料
バラ	アレンジフォーム
ガーベラ	リボン
アイビー	
アマランサス	
モミジ	
グラミネ（穂状の草）	
赤、黒、オレンジの実	
紅葉した葉やツル	
他	

簡単で素敵なアレンジスタイル

バスケットに秋の実りのフルーツや野菜を入れ、その合間に花を挿しただけの簡単デザインです。キッチンはもちろん、玄関やリビングに飾ってもお洒落。クロスの色次第で雰囲気を変えられます。

使用した材料

アーティフィシャル		その他の材料
リンゴ	ローズヒップ	キッチンクロス
洋ナシ	キノコ	緩衝材（底上げ用）
ザクロ	クリ	リボン
ブドウ	ハートカズラ	
イチジク	オレンジ色の小花	
ムギ		

つくり方ポイント
バスケットにバランス良く果物や野菜を詰め（深めのバスケットの場合は底上げして）、隙間に色合わせした小花類を少しずつ挿していきます。最後にツルを回し、麦や木の実のついた枝、クリなどをアクセントに入れて、ハンドルにリボンを結んでできあがり。

Winter

冬の章

厚い雲に覆われた冬のドイツで、シャンパン色の輝きを放つのは、
クリスマス前の一か月「アドベント」です。
家々の窓辺や店先は、この時期ならではの暖かなあかりで溢れ、
クリスマス市の煌めきとともに、ロマンティックな冬のシーンを彩るのです。

追憶 *Reminiszenz* ～ドイツ・ヨーロッパの四季～

ドイツの町、ヴュルツブルクで見かけた暖かな窓辺のあかり

ヴュルツブルクのクリスマスイルミネーション

街に溶け込むクリスマスの伝統色

冬枯れした街路樹の向こうに、夏には見えなかった家々の窓辺が現れ、暖かなクリスマスのあかりが灯ります。家族団欒までもが伝わってきそうで、うっとりと眺めていたものです。
ドイツのイルミネーションに点滅するものはほとんどなく、品のいい柔らかな光で街中が包まれます。そこに浮かび上がる赤、緑、ゴールド。クリスマスの伝統色は、わざわざつくられたものではなく、街の中に自然に溶け込んだ色なのです。クリスマス市や店先に立つモミの木のグリーン、そこに灯るシャンパンゴールドのイルミネーション。そのあかりが周囲を照らす時、薄暗い陰と混ざり合ってうっすらと赤く建物の壁を染めるのです。それが店先に並ぶ赤いクリスマス商品と呼応して聖なる色の存在感を放ちます。
日本のクリスマスは、様々な色が使われますが、私は伝統色に込められた意味合いを感じながら、クリスマスを過ごすのが好きです。

静かで心洗われるホワイトクリスマス

住んでいたケルンは、比較的温暖で雪も滅多に降りませんでしたが、車で小一時間ほど走ったアイフェル高原では、ロマンティックなホワイトクリスマスを味わうことができました。
ケルンで雨が降ると、アイフェルは雪。そんな方程式に突き動かされて、何度車を走らせたことでしょう。車のフロントガラスに打ちつける雨が、真っ白い雪になり、車窓一面が銀世界に変わるとアイフェルです。常緑樹に降り積もる粉雪が風に吹かれて、さらさらと落ち、木々の枝がしなやかにスウィングしています。その向こうのレストランから洩れる光に誘われて中に入ると、パチパチと燃える暖炉と優しい光に包まれたクリスマスツリーが迎えてくれました。温かな飲み物を注文して、窓の外に広がる雪景色を眺めていると、心が落ち着き、洗われていくのを感じました。私にとって「白」もクリスマスを表現する大切な色となったのです。

聖夜の煌めき

Advent & Weihnachten 伝統的なクリスマス

11月30日に最も近い日曜日からクリスマスイブまでの約4週間を
アドベント（待降節）と言い、クリスマスを待ち望む季節です。
家々の窓辺にシャンパン色のあかりが灯り、
街全体がキラキラと輝きを放ちます。
アドベントクランツに4本のあかりが灯ると、もうすぐクリスマスです！

ドイツのクリスマスのおもちゃ「パイプ人形」は「くるみ割り人形」と同様、エルツ山脈の小さな村の工芸品です。

モミやヒバなどの常緑樹を使ってドイツ的手法でつくったリース（p.54a参照）。赤いリボン（p.67参照）と天使を飾って。

テーブルにはランナーのように、常緑樹のガーランド（p.54b参照）を置きました。大きなツリーにも赤やゴールドのオーナメントを飾って。

鏡の縁を常緑樹のガーランド（p.54b参照）で飾りました。赤いリボン（p.67参照）とゴールドのオーナメントを合わせて。

パール柄のガラスの食器に合わせて、ガーランドの上にはパールを散らしました。赤い花とリボン（p.67参照）でつくったコサージュをナプキンリングに挿して。

コーディネートのポイント

クリスマスカラーは
トーンを抑えてシック＆クラシックに

クリスマスの伝統色、赤、緑、ゴールドを使った温かみのあるコーディネート。赤はキリストの愛、緑は永遠の命、ゴールドは豊かさを表しています。緑は常緑樹、赤やゴールドは色のトーンを抑えて、シックでクラシックなヨーロッパのクリスマスを演出しました。ツリーのオーナメントも色合わせして空間全体の統一感を。テーブルにはランナー代わりに常緑樹のガーランド（p.54b参照）を置き、降り積もる雪をフェザーとパールを散らして表現しました。

雪降る夜を夢見て

Heiligabend モダンなクリスマス

雪が舞うロマンティックなクリスマスは憧れです。
雪化粧したモミの木の向こうに、家々の暖かなあかり…
ドイツの山間で見た美しい光景は、今もなお、瞼を閉じると蘇ってきます。
そんなホワイトクリスマスを再現してみました。

ランナー代わりにフェザーガーランドを使ってパウダースノーを表現しました。テーブルにはシルバー＆クリスタル系オーナメントを散らして煌めき感を出します。

ナプキンリングの中央に細いダークグレーのベルベットのリボンを巻いてアクセントに。光沢のある白い生地の縁にシルバーのブレードを縫いつけてナプキンにしました。

マントルピースの上には常緑樹のガーランド(p.54b参照)とシルバーのキャンドルを。ホワイトツリーの色と合わせてアイスグリーン系のオーナメントを多く入れて。

コーディネートのポイント

ホワイト、シルバー、クリスタルで静けさと透明感を

一面の銀世界をイメージして、シルバーの柄が美しいオーガンジーのクロスをセレクト。クリスタルやガラス、シルバー系の食器&オーナメントと合わせ、ホワイトツリー(p.55参照)が似合う透明感のあるテーブルに。

(a)

色合わせ

グリーン＋シャンパンゴールド＆ホワイトで清らかに華やかに

(b)

テーブルリースに4本のキャンドルを立てた アドベントクランツ

アドベントの期間、日曜日ごとに1本ずつ火を灯し、4本灯ると数日以内にクリスマスがやって来る…人々は灯ったキャンドルの数でクリスマスまでの時間を感じながら過ごします。通常、常緑樹でつくられ、家庭だけでなく、教会やレストラン、様々なところに飾られます。

1

2

3

4

つくり方(a) リースとキャンドルの立て方

1. 常緑樹は全て10cm前後にカット。それを、リング型アレンジフォームを覆うように置き、ワイヤーで根元を2回ほど巻きます。

2. 根元のワイヤーがギリギリ隠れるように、次の数本を載せ、ワイヤーで根元を縛ることを繰り返します。

3. キャンドルにブレードやリボンを貼ってもお洒落。キャンドルは楊枝3本を足にします。

4. 楊枝はキャンドルの根元にフラワーテープで巻きつけ固定。できあがったリースに4本挿します。
注）ブレードなどが燃えないよう注意して。

欧米で人気の馬蹄型

魔除けや幸福を呼び込む馬蹄形（ホースシュー）をクリスマスの飾りに。常緑樹には雪や氷がついたものも入れ込んで。ガーランドは曲げて馬蹄形に飾ることも、真っ直ぐにしてテーブル中央に飾る（p.50参照）こともできます。

つくり方(b) ガーランド

常緑樹は全て10cm前後にカット（写真中央）。これを、ワイヤーの入った枝などを芯にして、数本まとめてワイヤーで巻いて留めつけ、1本仕上げます（写真右）。同様にもう1本つくり、2本を合体させます。

使用した材料 (a,b)

アーティフィシャル
a,bに共通して使用

| モミ |
| クジャクヒバ |
| ヒムロスギ |
| アイビー（ヘデラ） |
| 他 |

aに使用

| ブルーアイス |
| ヒノキ |

bに使用

| アマランサス |
| 枝（芯用） |

その他の材料
a,bに共通して使用

| リボン |
| オーナメント各種 |
| パール |
| リースワイヤー |

aに使用

| リング型アレンジフォーム |
| キャンドル |
| 楊枝 |
| ブレード |

色合わせ

白、シルバー、アイスグリーンで雪降る森のイメージ

アイスグリーンとホワイトフェザーで積雪と凍てつく冬の森をイメージ

(c)

一面の雪景色をテーブルで再現するのに、ホワイトフェザーはぴったりな資材です。凍てつく冬の森は、クリスタルやシルバー系のオーナメントをふんだんに使い、アイスグリーンの常緑樹を合わせて表現しました。モミの枝からパウダースノーがさらさらと小さな音をたてて落ちる静かな夜、ツリーやキャンドルのあかりが、暖かな家々のあかりに重なります。

使用した材料(c)

アーティフィシャル
- モミ
- ヒムロスギ
- シュガーバイン
- 白やシルバーの実
- 他

その他の材料
- 円錐型アレンジフォーム
- パール
- ラインストーン
- クリスタル
- フェザーガーランド
- オーナメント各種

つくり方(c)

1. 常緑樹は 5〜7cm ほどにカット。白とグリーンの地巻きワイヤーで U ピンをたくさんつくります。

2. フェザーガーランドを白い U ピンで固定しながら、フォームに巻きつけます。

3. フェザーの合間に常緑樹をグリーンの U ピンを使って留めていきます。

4. 常緑樹の上から、オーナメント各種を接着剤でつけ、ツリートップに星を挿して仕上げます。

初春を慶ぶ

Frohes neues Jahr ! 雅びに迎えるお正月

本来お正月とは、その年の豊穣と家族の健康を約束してくれる
歳神様をお迎えして祝う行事です。
門松や注連飾りなどのお正月飾りは、神様を歓迎する意味合いが込められています。
縁起のいい花材と色合わせで、心を込めて初春のおもてなしをしましょう。

コーディネートのポイント

**紅白金のお正月カラーに
黒を加えてシックで華やかに**

漆器に合わせた光沢のある黒のクロスに、御所車の刺繍が入った帯をランナー代わりに敷いて雅びな雰囲気に。竹を編んだベース上に、紅白のオンシジュームと金の柳が流線を描きながら交差する優美なお正月花は、テーブルに華やぎを与えてくれます。

プレート、酒器（M.STYLE）

色合わせ

紅白金＋黒の伝統的なお正月カラー

使用した材料

アーティフィシャル
- オンシジューム
- マツ
- ※ゴールドバンブースプレー
- ヤナギ
- カエデ
- シダ
- ナンテン
- 他

その他の材料
- タケ
- ハスの実
- 水引
- オーナメント各種
- アートフォーム®
- リースワイヤー

黒とゴールドにペイントされた細竹をリースワイヤーで編んでベースに敷いています。これがあるだけで、和の雰囲気が出ます。

つくり方（ベース）

1. リースワイヤーを長めにカットして、半分に折り曲げ、竹の左右2箇所にねじって留めます。ワイヤーを切らずに次の1本を同様にねじって留め、同じことを繰り返して幅を出します。

2. 器にフォームを入れ、編んだ竹ベースを斜めに配置してUピンで固定します。フォームに花材を挿して仕上げます。

1

2

簡単で素敵なアレンジスタイル

丸い大きなハンドルがついた黒い器は、お正月にぴったりです。しかも少ない花材でそれなりの存在感が出せるのでおすすめ。器の部分が小さいので、枝分かれした松を花留めにして簡単にアレンジできます。お正月カラーの敷物があれば雰囲気がさらに出ます。

使用した材料

アーティフィシャル
- ツバキ
- マツ
- ※ゴールドバンブースプレー
- ナンテン

その他の材料
- 水引

つくり方ポイント

器の部分に枝分かれした松を入れ、その上から椿、笹（※ゴールドバンブースプレー）、南天の実を、バランスを見ながら挿します。松を花留めにしていますが、安定しない場合はフォームを使ってもいいでしょう。最後に水引を丸めてワイヤーで留めたものを後ろの方に入れて仕上げます。

花正月につどう

Neujahrstreffen 凛として迎えるお正月

元日を中心とする正月を大正月、男正月と呼ぶのに対し、
1月15日を小正月、女正月、花正月と呼び、
年始の行事で休めなかった女性を労い、ひと息ついてもらう習慣があります。
そんな花正月に、女性だけのお洒落な新年会は如何でしょうか？

色合わせ

紅白金＋プラチナ色のモダンなお正月カラー

コーディネートのポイント

プラチナカラーをベースに
モダンで品格のあるテーブルを

リズミカルに並べたお正月花を主役にするため、テーブルの色を抑えて。プラチナ箔の模様が入ったスクエアプレートがシンプルな中にも品格のあるコーディネートに見せてくれます。モダンなお正月アレンジとともに凛とした空気感が伝わってきます。

使用した材料

アーティフィシャル

- ラン
- アジサイ
- マツ
- ※ゴールドウィローバイン
- ※シャイニーソフトモスピック
- 黒い実
- 他

その他の材料

- 水引
- オーナメント各種

1段目
ころっとした白い器に簡単にアレンジしたお正月花。アレンジの上にクルクルとカールさせた水引を載せて、モダンに。

2段目
プラチナ箔の四角いプレートに、同色のお椀とクロスを合わせてシャープなイメージに。杯の足やお重の模様に少量のゴールドを使って柔らかさも入れて。

3段目
器の口がとても小さいので、花材をカットして放射線状に入れるだけ。フォームや花留めを一切必要としません。

ショコラな時間

Valentinstag スイート&フラワーバレンタイン

2月14日は、ローマ皇帝の意に反し、恋人たちの結婚式を執り行って殉教した聖バレンタインの命日です。
日本では女性が男性にチョコレートを贈り、愛の告白をする日ですが、
欧米では、男女間はもちろん、大切な家族や友人へプレゼントを贈る「愛の日」とされています。

つくり方ポイント

ピンク色のハート形フォームの側面にレースのリボンを貼ります。上部に間隔を空けながら薔薇を挿し、その合間に紫陽花を入れます。残った空間にループ状にワイヤリングしたリボン他を挿してハート形になるよう整えます。最後にパールとラメカールワイヤーを散らします。

使用した材料

アーティフィシャル	その他の材料
バラ	リボン
アジサイ	パール
※スパークリング	ラメカールワイヤー
バインスプレー	ハート形フォーム
	（レインボーオープンハート）

色合わせ

ピンク&ゴールドベージュで大人ラブリーに

ハートのガトーショコラの代わりに小花を入れたハートの器を載せてラブリーに。チョコレートプリンには華やかなベリーをトッピングして足下をピンクのベルベットリボンで結びました。人気のマンディアンも添えて。

コーディネートのポイント

**甘すぎない色合いなら
ハートのリピートも許される**

ピンクとゴールドベージュのハート形アレンジに同色のダマスク柄のクロスを合わせて甘すぎないコーディネートに。ハート形の大中小の器は、入れ子にしてクローバー形に置いて取り皿にしても。手づくりショコラで2人の時間を楽しんで!

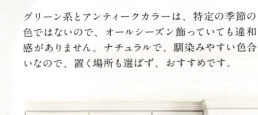

Neutrale Farben
オールシーズン
季節を問わないおすすめの色

グリーン系とアンティークカラーは、特定の季節の色ではないので、オールシーズン飾っていても違和感がありません。ナチュラルで、馴染みやすい色合いなので、置く場所も選ばず、おすすめです。

(a)

(b)

(c)

(a) グリーン系のデザインに淡いブルーの花を数輪入れることで、初夏〜夏の雰囲気に。ハーブティー(p.25参照)でのひとときにもぴったりです。フォームを使わず、茎を丸めながら器に入れ、花留めに。

(b) 流れるように束ねた花束をガラスのケーキスタンドの上に置いただけのデザインです。グリーンの濃淡と白だけで構成しています。ツルやしなやかな草花を花材に選びましょう。

(c) aのデザインから、ブルーの花を抜いて、紅葉した葉やツルを少し加えました。それだけで、初秋の雰囲気を出すことができます。

色合わせ
グリーンのグラデーション＋白のニュートラルカラー

グリーンと白を基調にした
ナチュラルなデザインを

グリーンを主体にするので、植物本来の姿をできるだけ生かすようなデザインが素敵です。aはトライアンギュラースタイル(p.69参照)を基本にアレンジして、左右のラインにツルを使い、先端に動きを出すとエレガントです。中央に、少し大きめの白い花を入れて焦点にして(bは大輪ではなく、小花を使うときれいです)。

使用した材料 (a,b,c)

アーティフィシャル

a,b,cに共通して使用
- リキュウソウ
- アイビー
- スカビオサ
- ビバーナム・スノーボール
- フウセンカズラ
- ツルニチニチソウ
- ユーフォルビア
- レースフラワー

aに使用
- アマランサス
- ドウダンツツジ
- ユリ
- フランネルフラワー
- センニンソウ

bに使用
- アサガオ
- ツルバラ
- リョウブ
- クレマチス

cに使用
- 紅葉した葉やツル

その他の材料

aに使用
- 蛇腹の白樺ベース

bに使用
- リボン
- オーガンジー

グリーン＋アンティークカラーは周囲と馴染みやすい

アンティークピンクの濃淡に白い花、そしてグリーン。落ち着いた色合いは、季節を問わず飾れるのはもちろん、インテリアのテイストも選びません。ラウンドスタイル（p.68参照）を基本に、周囲にツルを回して、ところどころツルが垂れるようにデザインしました。少しグリーンがかったアンティークピンクの花材があれば、グリーンとのつながりも良く、グラデーションがきれいになります。

使用した材料 (d, e)

アーティフィシャル
d, e に共通して使用
- バラ
- クリスマスローズ
- レースフラワー
- 白やピンクの小花
- ツル
- 他

d に使用
- アイビー
- 斑入りグリーン

e に使用
- アスパラガス
- ダリア
- ベアグラス
- ナルコユリ

その他の材料
d に使用
- アレンジフォーム

b に使用
- リボン

(d)

色合わせ

グリーン＋アンティークピンクの落ち着いた色合わせ

キャスケードブーケをドア飾りにさりげなく置いて飾っても

花を花首でカットしてワイヤリングとテーピング（p.67参照）をし、ガーランドにしたものを、ラウンドブーケとつないでキャスケードブーケ風に。ハンドル（茎をまとめた部分）を上に向けてドア＆壁飾りにしてみました。ナチュラルに仕上げるために、ツルや野草で変化をつけて。この手法での作成は上級者向けですが、アレンジフォームを使って挿しながら形づくることも可能です。小物類と合わせて置いて飾っても絵になります。

(e)

Passend zur Einrichtung

インテリアに合わせて

壁の色やファブリック、インテリアテイストに合わせて

季節感のある花はとても素敵ですが、家に飾る全ての花を季節ごとに取り替えるのは、とても大変です。そんな時はインテリアに合ったお洒落な花があると嬉しいですね。またこれから花生活を始めてみようと思う方も、まずはインテリアに合わせた花づくりからスタートするのもいいでしょう。

ファブリックに合わせて
花の色や種類をセレクトして

落ち着いた色合いの薔薇模様のクッションとゴブラン織りのタペストリーに合わせて、同色の薔薇を使ってデザインしました。壁の色もクリーム色なので、花はもちろん、インテリア小物も、暖色系でコーディネートするとまとまります。北側のお部屋は寒色より暖色がおすすめです。

使用した材料

アーティフィシャル
- バラ
- スプレーバラ
- トラノオ
- リキュウソウ
- アイビー
- ワイヤープランツ
- 他

その他の材料
- アレンジフォーム

壁紙に合わせて、ブルーはすっきりとピンクはかわいらしく
季節を問わず飾れるように、通年出回っている花をなるべく使って

淡いブルーの壁紙とソファーに合わせて、ブルーの濃淡の花を縦長ラインにすっきりとまとめました。

使用した材料

アーティフィシャル
- ベロニカ
- スノーボール
- レースフラワー
- カンパニュラ
- アジサイ
- アイビー
- ミント
- 他

グレイッシュピンクの薔薇模様の壁紙に合わせて、同色の薔薇やカーネーションなどで丸くかわいらしく生けました。

使用した材料

アーティフィシャル
- バラ
- カーネーション
- ビバーナム・スノーボール
- ツル
- 他

その他の材料
- リボン

どんなインテリアにも馴染む白とグリーンに色を加えてバリエーションを

白い花とグリーンだけでまとめたデザインですが、季節を問わず飾れるだけでなく（p.62参照）、どんなインテリアにも馴染む色合わせです。これをベースに、好みの色を少し加えてバリエーションを楽しんでみては如何でしょうか。

(a)

(b)

使用した材料
アーティフィシャル

- バラ
- スプレーバラ
- マーガレット
- レースフラワー
- トラノオ
- ラークスパー
- 他、白い小花

(a)
左のアレンジにパステルカラーの花を加え、ソフトで優しい雰囲気に。春らしいイメージにしたい時にもおすすめです。

使用した材料
左の花材に加えた
パステルカラーの花

- ブバリア
- ダイアンサス
- ブルーレースフラワー
- ユリ
- セントーリー

(b)
左のアレンジにブラックの花をアクセントに入れ、少し細めにシェイプしてモダンでスタイリッシュなイメージに。

使用した材料
左の花材に加えた
ブラックの花

- カラー
- ラナンキュラス
- クリスマスローズ

道具 *Werkzeuge*

本書で使用している道具について

アーティフィシャル専用の便利な道具や、資材も出ているので、参考にして下さい。

①耐水性花用接着剤
乾きが早く、乾くとしっかりと接着します。固定しながらつくり込みたい細かい作業に便利です。

②アーティフィシャル用 ニッパー＆カッター
アーティフィシャルフラワーの茎には太いワイヤーが入っていることが多いので、専用カッターがあると楽にカットできて便利です。いろいろなタイプが出ています。

③ハサミ（クラフト用）
ワイヤーやリボン、ラッピングペーパーなどをカットする時に使用します。細いアーティフィシャルの茎も切ることができます。

④木工用ボンド
しっかり乾くには時間がかかりますが、接着力は強力。作業中の差し直しが可能なのがメリットです。

⑤グルーガン
スティック状の接着剤（グルー、写真の白い棒状のもの）を、熱で解かすピストル型器具。グルーは、速乾なので、すぐに接着させたい時に便利です。時間が経つと取れやすくなるので、ボンドと併用するといいでしょう。

⑥ワイヤー
裸線ワイヤーと地巻きワイヤー（緑や茶色などの紙巻き）があります。フラワーテープと併用する場合は裸線ワイヤー、そのまま使う時はアレンジに溶け込む色の地巻きワイヤーが便利です。偶数番号で太さが示され、数字が若い方が太くなります。

⑦フラワーテープ
伸ばして使うことで粘着力が増します。色数も豊富で茎や枝、キャンドルなどの色に合わせて使い分けましょう。

⑧アレンジフォーム
数あるフローラルフォームの中で、一番硬く崩れにくいので、壁飾りやドア飾りをつくる時などに向いています。

⑨アートフォーム®
アーティフィシャルフラワー専用のフローラルフォームです。アレンジフォームよりは柔らかく、器に合わせてカットしやすいのが最大のメリットです。

テクニック *Technik*
基本のテクニックについて

作品づくりの上で、必ず必要になるテクニックを3つに絞り、ここで紹介します。

ワイヤリング

高さが足りない時や、花材を切り分けた時など、ワイヤリングして長さを出したり、強度をつけたりするのに必要なテクニックです。アーティフィシャルで特に大切なツイスティングメソッドを解説します。

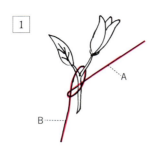

1. 茎にワイヤーを当て、枝分かれしているところがあれば、図のようにワイヤーを引っかけて、AのワイヤーでBのワイヤーと茎を一緒に巻きつけます。この時、BよりAが長くなるように持ちます。

2. ワイヤリングは目立たない方が良いので、必要最低限を心がけて。茎の太さに適した巻きつけやすい番手（ワイヤーの番号のこと）を選ぶことが大切です。太すぎても細すぎてもうまくいきません。枝分かれしていなくても、ワイヤリングの形は同じです。

3. 切り口までしっかりと巻きつけたら、あとは2本のワイヤーを揃えて真っ直ぐ下ろします。ワイヤーの一番下を持って振った時に曲がってしまう場合は適性な番手ではないので、もう少し太いワイヤーを使いましょう。

テーピング

ワイヤリングした部分を目立たなくするために、テーピングをします。フラワーテープは、茎の色や、周囲の葉の色などに馴染む色を選びましょう。キャンドルを立たせる時も（p.54a参照）キャンドルの色か、立たせる場所の色に合わせます。

1. ワイヤリングした茎の上にフラワーテープを載せ、右手で横に引っ張るのと同時に、左手で茎とテープを一緒に回転させ、テープを伸ばしながら茎にしっかり巻きつけます。

2. テープがしっかりと茎に固定できたら、テープを斜め下に引っ張り、バイアスをかけながら巻きつけていきます。これは、テープを薄くきれいにしっかりと巻きつけるためです。

3. テープの色は茎の色と似た色を選び、テーピングが目立たないようにすることが大切です。テープは伸ばすことで粘着力が高まるので、必ず伸ばしながら使いましょう。

リボンワーク

ブーケに結んだり、アレンジのアクセントにしたり、コサージュにつけたり、様々な場面でリボンワークは必要です。ループの数の多い華やかなリボンでも基本を押さえていれば、難しくありません。

1. 親指に図のようにリボンを軽く巻きつけ、センタールームをつくります。この時、リボンの重なりが浅いとほどけやすくなるので気をつけましょう。そこから下に8の字を描くようにループを両サイドにつくります。

2. ループの数は作品とのバランスや好みによりますが、通常のリボンでは1〜3ループずつつくります。最後は長めにリボンをカットして図のように大きなループをつくります。

3. センタールームの中央に細いリボンかワイヤーを通してしっかりと結びます。この細いリボンやワイヤーでブーケのハンドルにつけたり、フォームに挿したりします。

デザイン *Formen*
基本のデザインスタイル

作品づくりは、基本スタイルを崩したり、変形させたり、組み合わせたりしてデザインすることがよくあります。ここでは、数ある基本形の中から、本書で紹介した作品のベースにもなった4つの基本スタイルを解説します。

ラウンドスタイル

上から見れば円形、横から見れば半球形のデザイン。ドーム形とも呼ばれています。
応用としては中心にキャンドルを立てたり、ツルをふわっとかけたり（p.63d参照）、ベアグラスで変化をつけたり（p.26参照）と工夫次第で全く違う表情の作品が生まれます。

フロント
横から見てドーム形になるように、MFPに向かって凹凸をつけながら、茎が放射線状に広がるように挿していきます。器の縁が隠れるよう底辺部分はやや下向きに挿すと美しく仕上がります。

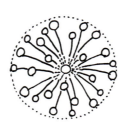

トップ
上から見て円形に見えるようにアウトラインを取っていきます。小花や蕾は高めに、大輪の花は低めに挿すと安定感が出ます。花だけでなく、グリーンもまんべんなく入れましょう。

ポイント
隣り合う花の高さが揃わないように意識して入れていくと凹凸感が出て、ナチュラルな仕上がりになります。茎のしなやかな蕾や小花、ツルなどで動きを出すと表情豊かになります。

ホリゾンタルライン

低く長く水平にデザインされたもので、フォーマルなディナーテーブルなどに使われる形でもあります。
横に伸びたデザインは西洋的で、茎を真横から挿せるフォームならではのデザインです。
応用として両サイドのラインにカーブをつけるとアーチ形（p.11d参照）や馬蹄形（p.47上参照）になります。

フロント
横から見て、高さが低く、横に長い三角形に見えるようにMFPに向かって挿していきます。隣り合う花の高さが揃わないように凹凸感をつけ、MFPから茎が放射線上に出るように意識します。

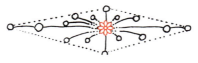

トップ
上から見ると細長いダイヤモンド形になるように挿します。中央のVFP周辺に花を多めに入れて賑やかに、先端にいくほど少なくして、軽やかに表現します。

ポイント
両サイドのラインに下向きのカーブをつけるとアーチ形に、カーブを強くすると馬蹄形になります。ナチュラルで優美に仕上げるには、しなやかな茎のグリーンやツルなどでラインを出すといいでしょう。

マークについて = VFP(ヴィジュアル フォーカル ポイント)
視覚上の焦点。作品の中心となるところなので、大きめの花で華やかに表現します。

 = MFP(メカニカル フォーカル ポイント)
機構上の焦点。全ての茎は、フォームの中の1点であるMFPから放射線状に伸びるように挿します。

VFPとMFPが両方あるデザイン、どちらか1つしかないデザイン、両方ないデザインとそれぞれなので、イラストのマークを見て確認して下さい。

トライアンギュラースタイル

正面から見て三角形に構成する三方見のデザインです。
大きめにつくると映えるデザインなので、玄関に置く迎え花にぴったりです。
応用として、トップや両サイドのラインをツルなどで柔らかく表現すると（p.46a、p.62a参照）ナチュラルになります。

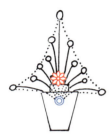

フロント
正面から見て二等辺三角形になるよう花を入れます。左右のアウトラインがふくらまないように、MFPから茎が放射線状に出るように挿します。中央下気味に大きめで華やかな花をVFPとして入れます。

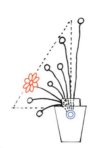

サイド
一番後ろの花を、後ろに15度傾けることで安定感を出します。サイドから見て、VFPに向かって徐々に花が前方に出るように挿します。VFPがサイドから見て一番前に突き出た花になります。

ポイント
サイドのラインはツルなどを使って下向きに落ちるように入れ、トップもしなやかなグリーンを使うとナチュラルでエレガントな印象になります。花よりグリーンを多めに入れましょう。

ガーデンスタイル

できあがりが自然で、花壇や花畑、寄せ植えを思わせる四方見のデザインです。
季節の庭を切り取ったようなデザインなので、その季節にしか咲かない花材の組み合わせが重要になります。
早春（p.10 a,b,c参照）や初秋のガーデン（p.40a参照）、ハーブの寄せ植えなどがおすすめです。

フロント
花が地面から太陽に向かって伸びるように垂直に挿しますが、茎は柔らかいカーブをつけておくとできあがりが自然です。隣り合う花の高さが揃わないように意識しながら、寄せ植えや花壇をイメージしてつくるといいでしょう。

ポイント
横長の器を使う場合は、中央に風が通り抜けるような空間をつくるとすっきりと仕上がります。土のイメージでところどころ苔を使ってフォームを隠しても雰囲気が出ます。

テーブルコーディネート

Tischdekoration 家庭でできるテーブルコーディネート

「テーブルコーディネート」と聞くと、グラスやカトラリーがずらりと並んだ高級レストランのテーブルを思い浮かべて、敬遠される方も多いかもしれません。でもこれは特別フォーマルな例です。
本書では、基本には沿っていますが、ドレスダウンしたテーブルを紹介しています。
ここでは、家庭で気軽にできるテーブルコーディネートについて説明します。

揃えたいアイテム

アイテム①〜⑥、⑦b

アイテム①、⑦a、⑧　　スープ皿、ディナー皿（M.STYLE）

1）食器＆グラス、カトラリー　※青字以外は、あれば便利ですが、なくてもOK。同じ絵柄で揃える必要もありません。

①ディナー皿（直径26cm前後）
メイン料理用ですが、カフェ風にワンプレートディッシュや、大皿料理の盛り付けにも使えます。

②デザート皿（オードブル、サラダ皿としても　直径21cm前後）
オードブルやサラダ、デザート用ですが、大皿料理の取り皿として使うこともできます。

③ケーキ皿（パン皿としても　直径18cm前後）
あれば便利ですが、なくても大丈夫。パンはバスケットなどに入れて中央に置いたり、清潔なクロスの上に直接置いてもいいとされています。ケーキはデザート皿を使ってもOK。

④グラス類
お酒によって様々な形のグラスがありますが、家庭では、ワイングラスと水やソフトドリンク用にワイングラスより一回り大きいゴブレットかタンブラー（コップ型）があればいいでしょう。スパークリングがお好きな人は、立ち上る泡がきれいに見えるシャンパングラスがあると素敵です（グラスの並べ方は、p.71 洋食のセッティング参照）。

⑤カトラリー
ディナー用のナイフ、フォーク、スプーンが1種類ずつと、デザートやティータイム用に小振りのものがもう1セットあるといいでしょう。

⑥カップ＆ソーサー
ティーカップ（⑥a）とコーヒーカップ（⑥b）では、形も大きさも違いますが、兼用のカップ＆ソーサーも出ています。

⑦スープ皿（直径20cm前後）
スープ皿（⑦a）は、スープの他、カレーなど汁気の多いメニューの時にあると便利です。両サイドに取っ手がついた小さめのコンソメカップ（⑦b）は、前菜の盛り付けやデザートカップとして使ってもお洒落。

⑧アンダープレート（直径30〜34cm位）
ディナー皿より一回り大きなプレートです。直径30cmほどとされていますが、サイズは気にせず、使いたい器より一回り大きいお皿を組み合わせましょう。あると華やかですが、なくても大丈夫。

テーブルコーディネートの前に

季節やイベント、料理などのテーマに沿って食器やクロスを選び、フィギュアを組み合わせて、テーブルを彩ること、これが、「テーブルコーディネート」です。背伸びする必要はなく、自分らしいおもてなし感を出してみましょう。
事前に整理しておきたいのは、昼なのか夜なのか、どこで誰と何の目的で集まり、料理はどうするのかということ。それにより使用アイテムが決まります。
またテーブル単体ではなく、部屋全体のインテリアを含めてコーディネートは考えましょう。あまりにもインテリアとかけ離れたテーブルは、ちぐはぐで違和感が出てしまいます。

2）テーブルリネン

テーブルリネンとは食卓で使う布のことを言い、テーブルクロス、テーブルマット、テーブルランナー、ブリッジランナー、ナプキンなどがあります。テーブルを占める面積が大きい分、色や柄，素材により印象が大きく変わります。

テーブルクロスだけだと、フォーマルな印象ですが、ランナー（テーブルの中央に掛ける帯状の布　p.12、13参照）やブリッジランナー（向かい合わせにかける帯状の布　p.21c参照）を組み合わせると、少しドレスダウンしたお洒落な印象になります。

クロスではなく、テーブルマットを使うとカジュアルな雰囲気になりますが、最近は様々な形や材質のマットが出ているので（p.35、40a参照）、マット使いでスタイリッシュなコーディネートも可能です。ブリッジランナーだけでも（p.28、29参照）、マットよりエレガントで、夏は涼しげな印象になります。

3）フィギュア

テーブルを飾る装飾品のことをフィギュアと言います。テーブル上の食器、グラス、カトラリー、リネン以外の全てのものをさします。ソルト＆ペッパー、ナプキンリング、キャンドル、また季節にちなんだ小物類（ウサギ、貝殻、カボチャなど　p.9 4段目、35、42参照）などがそうです。

また、本書で紹介しているテーブル花やキャンドルなどテーブルの中央に置くアイテムを「センターピース」と言い、テーブルコーディネートをする上で、雰囲気づくりを左右する大切なアイテムになります。本書でもテーブル花は、力点を置いて紹介しています。

またフィギュアは、トーキンググッズ（会話のきっかけをつくるもの）にもなりますので、手づくりの小物などがあると（p.27参照　手づくりのナプキンリング）さらに会話が盛りあがるでしょう。

洋食のセッティング

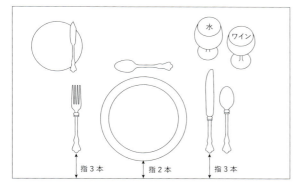

正面にお皿、左にフォーク、右にナイフを置き、スプーンを使用する時はナイフの外側に。グラス類はお皿の右上にセット。並べ方は、国により異なることもありますが、基本、提供する順番に右からシャンパングラス、ワイングラス、ゴブレットと斜めに並べます。シチュエーションによりワイングラスだけ、ゴブレットだけでもOKです。

カトラリーもフォーマルな席は、複数使い分けますが、家庭ではひと組を使い続けて大丈夫。その際は、カトラリーの一時的な置き場として、カトラリーレスト（p.9 3段目参照）を用意しておくとスマートです。デザート用のカトラリーを置く場合はお皿の奥に。デザートとともに出してもOKです。パン皿を置く場合はフォークの左か左上に。

和食のセッティング

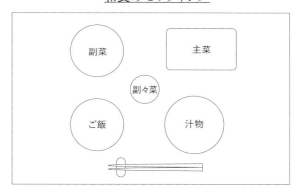

和食の基本は、「一汁三菜」です。ご飯に汁物、主菜1品、副菜2品での構成です。例えば、ご飯に味噌汁やお吸い物、主菜に焼き物や刺身、肉類、副菜に煮物、副々菜に和え物や酢の物などの献立を言います。ここに含まれませんが、香の物（お漬け物）がつくこともあります。

まずは、箸を一番手前に、持ち手を右側にして置きます。箸置きがあれば一緒に。飯碗は左、汁椀を右に置きます。主菜は右上、副菜は左上、中央にもう1品副々菜を置きます。

香の物がある場合は、中央付近に。品数によって変わりますが、これが基本のセッティングです。

向坂 留美子
Rumiko Sakisaka
フラワーデザイナー&住空間スタイリスト

逗子生まれ。東京女子大学文理学部英米文学科卒業。
テレビ&ラジオのディレクターとして、NHKや女性チャンネル♪LaLa TVの番組制作に8年携わる。
花が好きで、マミフラワーデザインスクールにて講師資格取得。
3年間のドイツ滞在中に、ドイツ、イギリスにてフラワーデザイン、テーブル&マナー、おもてなし料理などを学ぶ。
またヨーロッパ中を巡り(車の走行距離だけでも10万キロ近くに)、建築、美術、音楽に触れ、自然や街並みの美しさなどに感化される。
現在、東京世田谷にて、フラワー&美生活サロンを主宰。
ナチュラルでシック、エレガントな「Rumi's Style」のアーティフィシャルフラワーと四季折々のお洒落なインテリアが注目され、全国から通う生徒で賑わう。関西でも定期的にレッスンを行う。
企業とのコラボレーションや、セミナー&トークショー他、カルチャー講座も全国で開催。
著書に『向坂留美子のサロネーゼ入門』(静山社刊)と『インテリアを彩る永遠に美しい花　ARTIFICIAL FLOWERS』(マガジンランド刊)がある。
www.flora-rumi.com

花生活、はじめます
くらしが華やぐ 花コーディネート
アーティフィシャルでインテリアをおしゃれに！
Wohnen mit Blumen

2018年5月15日　初版第1刷発行

著者：向坂留美子
　　　(さきさかるみこ)

発行人：中川雅寛
発行所：株式会社 六耀社
〒135-0091
東京都港区台場2-3-1
Tel.03-6426-0131
Fax.03-6426-0143
www.rikuyosha.co.jp

印刷・製本：シナノ書籍印刷 株式会社

©2018 Rumiko Sakisaka
ISBN978-4-89737-970-8
Printed in Japan
NDC793 72p 25.7cm

本書の無断掲載・複写は著作権法上での例外を除き、禁じられています。
落丁・乱丁本は、送料小社負担にてお取り替えいたします。

〈資材提供〉
株式会社　東京堂
Tel.03-3359-3331(大代表)
〒160-0004
東京都新宿区四谷2-13
www.e-tokyodo.com

本書使用花材：MAGIQについて
〈MAGIQ公式HP〉magiq.jp
「上質な花のある暮らしの実現」を掲げ、
日本人の美意識を満たすアーティフィシャルフラワーを
展開するブランド
＊本書掲載作品の花材と花器、その他の材料、M.STYLEの器については、
　東京堂へお問い合わせ下さい。

〈撮影協力(p.7-10a、c、11下、17上、24-26上、32、33b、34、64左下)〉
三井ホーム株式会社
立川第2モデルハウス
www.mitsuihome.co.jp

サロネーゼ倶楽部®
www.salonese.org

〈テーブルコーディネート協力(p.12-14、52-53、55、58-59)〉
宇野陽子(Fonte Felice)
fonte-felice.jp

〈器協力(p12-14)〉
香蘭社(遊鯉のプレート)
www.koransha.co.jp

箔一(金箔の三段重)
www.hakuichi.co.jp

〈料理協力(p.27上、37、44-45、60-61)〉
藤倉淳子(料理教室 a table)
www.atable-jp.com

〈キャンドル協力(p.35、42-43、54b)〉
カメヤマキャンドルハウス
k-design.kameyama.co.jp

〈画像出典(カバー裏、p.10b、20b、39左上、41b2点、62a)〉
「暮らしの花歳時記」(東京堂)
magiq.jp/book/magazines.html

撮影：深澤慎平
　　　向坂留美子(p.6右、22、36、48、70-71)
　　　原田圭介(p.72)
イラストレーション：向坂裕美子(p.67-69)
ブックデザイン：松田澄子(タイガー&デザイン)
編集：宮崎雅子